AF346410

TRIANON

OCTOBRE-NOVEMBRE

1873

TRIANON

OCTOBRE-NOVEMBRE 1873

C'était le 25 octobre. En pensant aux grands
. événements qui semblaient se préparer, l'idée me
vint d'aller visiter les demeures royales qui furent
témoins jadis de tant de grandeurs. Mon cœur était
rempli de joie et d'espérance. Mon imagination
évoquait le spectacle d'un avenir prochain. Il me
semblait que tout avait un air de fête ; que les rues
se pavoisaient ; et, dans une sorte d'apothéose, je
voyais la fin des crimes et de nos malheurs. Je
voyais le passé renaître dans ce qu'il avait de bon
et de glorieux, le retour du règne d'Henri IV, ce
roi si français, si persuadé de cette maxime, que

les princes ne sont ici-bas que pour fa re le bonheur de leurs peuples.

Je partis de Saint-Germain, et, après un coup d'œil jeté en passant sur ce qui fut Marly, je me dirigeai sur Versailles. Mais avant d'arriver à la demeure de Louis XIV, je voulus revoir Trianon, qui rappelle un règne si différent. Louis XIV et Louis XVI : quelle antithèse! L'un fut vraiment grand, l'autre fut vraiment bon. Lequel vaut le mieux, pour le bonheur d'un pays? La bonté, hélas! dégénère trop souvent en faiblesse; elle ouvre la porte aux intrigues et conduit à des catastrophes qui ne laissent après elles que des ruines; mais la grandeur, il en reste toujours quelque chose.

Du reste, à Trianon, le roi Louis XVI s'efface devant le souvenir poétique de cette reine qui nous apparaît sous la triple auréole de la beauté, du malheur et du courage; de cette reine si calomniée, si touchante et si grande dans son infortune. Elle a laissé dans ces riantes demeures la trace ineffaçable de son passage. C'est là qu'échappant aux exigences de l'étiquette et aux pompes de la cour, elle se donnait tout entière au culte des arts et à l'amitié, sans oublier jamais, quoi qu'en aient dit les libellistes, ce qu'elle devait à son illustre origine.

Absorbé dans ces pensées et ces souvenirs, je ne remarquai pas tout d'abord, aux approches de Trianon, l'appareil militaire qui gardait les avenues et la grille du château. Mais je vis avec surprise accourir de tous côtés de nombreuses voitures et une foule bigarrée et hâtive, des femmes en brillantes toilettes et qui me paraissaient appartenir presque toutes à des nationalités étrangères; à côté d'elles quelques-unes de ces beautés téméraires qui pénètrent partout. Je reconnaissais des officiers, des diplomates, des députés, des magistrats. Il y a donc fête à Trianon, me disais-je. Hélas, non, ce n'était pas une fête! pour des Français du moins..... pour nos ennemis peut-être! C'était le spectacle d'un maréchal de France, revêtu de cette dignité presque auguste à nos yeux, qui comparaissait devant des juges, ses frères d'armes, pour répondre de ses fautes, et peut-être aussi de celles des autres! C'était l'exposition publique et circonstanciée de nos désastres et de nos douleurs sans trêve! O gloire de Louis XIV! qu'es-tu devenue? Et cette dignité, cette noblesse avec laquelle on supportait alors les revers, en attendant qu'ils fussent réparés! Qu'on se rappelle cette généreuse parole de Louis XIV au malheureux Villeroy : « Monsieur le maréchal, on n'est plus heureux à notre âge! »

Mais la France républicaine ne veut pas s'avouer vaincue par sa faute ou par la volonté de Dieu, il lui faut un traître pour expliquer sa défaite. A Mayence, c'était Kléber; à Gênes, c'était Masséna qu'on accusait de trahison, et cependant les statues de ces deux illustres guerriers décorent la muraille de ce fragment vulgaire des Tuileries qui a seul échappé à la torche des incendiaires.

Le général Dupont lui-même ne reçut-il pas de

Napoléon, apaisé par ses propres fautes et malheurs, une sorte de réhabilitation : « Dupont, disait-il à Sainte-Hélène, a été plus malheureux que coupable. » En serait-il de même du maréchal Bazaine? A-t-il fait tout ce qu'il devait et pouvait faire? A-t-il eu des rapports criminels avec l'ennemi? A-t-il eu des visées personnelles? Ou bien son intelligence a-t-elle été obscurcie, troublée, écrasée sous le poids d'une immense responsabilité en face de difficultés et de complications inouïes? C'est ce que le Conseil de guerre décidera.

Le maréchal est introduit. Il salue le prince et les généraux qui forment le Conseil et se dirige à pas pressés vers sa place. Il porte la plaque et le grand cordon de la Légion d'honneur; son uniforme est vieux et terni : c'est son habit de combat. Il attend que le président lui fasse signe de s'asseoir. Il est venu spontanément s'offrir à la justice de son pays, après trois années d'injures subies sous le déchaînement de l'opinion publique, qui ne pardonnait pas à son héros d'un jour de n'avoir pas été à la hauteur de ce qu'elle attendait de lui. On s'en souvient, après notre première défaite l'opinion publique l'appelait à grand cris au commandement de nos armées. On le regardait alors comme le premier de nos chefs militaires. A Tours, les aventuriers de la défaite nationale publiaient à tout moment dans leurs proclamations mensongères les succès de ce guerrier providentiel, défenseur invincible de Metz, sauveur de son pays; et voilà qu'un jour toute cette fantasmagorie s'écroule devant la triste réalité. Aussi quelles clameurs, quels cris de réprobation succédèrent à cet enthousiasme factice! En se hâtant de flétrir des faits qu'ils ne pouvaient encore connaître, les orateurs du balcon ne cherchaient-ils pas à étouffer leurs propres mensonges sous le bruit de leurs imprécations! C'est alors que le maréchal Bazaine apprit ce que vaut la popularité.

Il est donc là, au banc des accusés, sous les regards avides du public. Chacun des spectateurs, à moitié soulevé, la tête en avant, cherche surtout le côté dramatique de la scène. Quelle situation cruelle pour un maréchal de France! Ne regrette-t-il pas aujourd'hui d'avoir échappé de si près à la mort qui le touchait presque de son aile à la bataille de Borny, ce sanglant et inutile succès! Sa figure fatiguée reste impassible par l'effort d'une énergique volonté; mais par moment, sous l'impression de certaines questions, de certaines dépositions, des mouvements nerveux révèlent la lutte intérieure qui se passe dans son âme. Sa parole courte et embarrassée, sans chaleur, sans accent, ne plaide pas en sa faveur. Autrefois, il est vrai, nos hommes de guerre ne se piquaient pas d'être orateurs ; l'action était leur vie, leur élément, et l'art dangereux d'entraîner les masses par la parole ne comptait pas parmi les vertus militaires. Mais en ce temps de républicanisme plus ou moins mitigé, il faut avant tout être éloquent. La faconde suppose tous les talents, celui de gouverner, celui de commander les armées.

Une seule fois, dit-on, dans le cours de son interrogatoire, la parole du maréchal s'anima, quand, sur une question du président, il déclara assumer la responsabilité de tout ce qui s'était fait autour de Metz, et ce mouvement inattendu fit sensation dans l'auditoire.

Du reste, son attitude est simple et naturelle. Rien en lui de l'emphase du soldat qui pose. Jamais non plus un reproche, une accusation, un blâme contre ses troupes, ses généraux. Jamais un mot contre son souverain, dont la tombe, à peine scellée, renferme peut-être le mystère qui pourrait l'absoudre. Quelle contrainte cependant dans ce calme apparent pour un tempérament aussi violent, pour un caractère aussi autoritaire, qui ne supportait pas même une observation dans son commandement. Eh bien, cette modération, cette sobriété de parole, ont fini par intéresser l'auditoire. On voudrait qu'il pût expliquer sa conduite et prouver son innocence. Quelquefois même on serait tenté de lui dicter des réponses. Ce qu'il a voulu, on ne le sait

pas encore ; peut-être ne le savait-il pas lui-même, sous l'étreinte des événements ?

Ce qui paraît certain, c'est qu'il a été joué par le génie infernal auquel la Prusse doit ses triomphes. Considérons, pour son excuse, le cortége de souverains et de ministres réputés habiles que le grand chancelier a fait tomber dans ses piéges.

Et, pendant que le procès se poursuit, de plus grands coupables peut-être restent impunis. Que dire de cette bande d'exploiteurs des passions et de la crédulité du peuple qui profitèrent du désarroi général pour s'emparer du pouvoir et se distribuer les emplois civils et militaires, peu soucieux d'aggraver nos désastres par la désorganisation et la démoralisation de tout le corps social...! N'était-ce pas déserter devant l'ennemi la sainte cause de la patrie ? N'était-ce pas, plus encore, pactiser avec l'invasion !

Un incident interrompit un instant l'audience.

Au moment où le commandant de Beaumont racontait l'épisode saisissant de sa rencontre avec le maréchal le jour de Saint-Privat, un violent coup de vent avec tonnerre et grêle ébranla la salle; la clarté du jour se voila, et l'on n'entendait plus que le bruit du ciel, qui semblait dire son mot dans le procès. Après le commandant se présenta un officier d'ordonnance du maréchal, M. de Mornay-Soult. Sa figure loyale et intelligente, sa parole accentuée et son ardeur à défendre un chef que tout le monde accuse produisirent un mouvement de sympathie dans l'auditoire. La fidélité au malheur est un noble et généreux sentiment qui sera toujours applaudi en France.

L'audience finissait. Un de mes voisins me demanda si je croyais qu'on ferait grâce de la vie au maréchal?...« De la vie, m'écriai-je », il s'agit bien de cela! Et je me levai sans rien ajouter. Mais je pensais, à part moi, aux quatre maréchaux de France que l'on compte dans ma famille, et je me demandais si aucun d'eux aurait accepté de vivre

flétri dans son honneur? Le maréchal Bazaine se
soucie bien de la vie! Ne l'a-t-il pas exposée cent
fois avec une sorte de stoïcisme! Pour lui il n'y a
p as de milieu. Il sera condamné ou justifié, et c'est
sans doute ce qu'il voulait en demandant des juges.
Du reste, quelque opinion qu'on ait de lui, on doit
avoir toute confiance dans un lit de justice tenu par
un Bourbon.

Je sortis de là l'âme navrée, et je renonçai pour
cette fois à visiter Versailles, son palais et son
musée glorieux. Le contraste m'aurait trop fait
souffrir.

A PARIS

DE L'IMPRIMERIE DE D. JOUAUST

Rue Saint-Honoré, 338

262